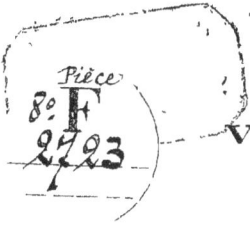

VILLE DE ROUEN

CONGRÈS

DE LA

PROPRIÉTÉ IMMOBILIÈRE DE FRANCE

Rouen, les 12, 13, 11 et 15 Octobre 1896

PAR L'INITIATIVE DU

SYNDICAT DE LA PROPRIÉTÉ IMMOBILIÈRE DE FRANCE

AVEC LE PATRONAGE ET LE CONCOURS DE

L'UNION DES CHAMBRES SYNDICALES DE LA PROPRIÉTÉ BATIE DE FRANCE

SOUS LA PRÉSIDENCE DE

M. GUILLOUARD

Jurisconsulte et Publiciste, Bâtonnier de l'Ordre des Avocats près la Cour d'Appel de Caen

3e SECTION

De la Propriéte bâtie — Impôts — Taxes

RAPPORT DE M. A. ROBERT

Ancien Avoué à Rouen

CONCLUSIONS DE LA COMMISSION

PRÉSIDÉE PAR

M. THIL, Conseiller honoraire à la Cour d'Appel de Rouen

VILLE DE ROUEN

CONGRÈS

DE LA

PROPRIÉTÉ IMMOBILIÈRE DE FRANCE

Rouen, les 12, 13, 14 et 15 Octobre 1896

PAR L'INITIATIVE DU

SYNDICAT DE LA PROPRIÉTÉ IMMOBILIÈRE DE FRANCE

AVEC LE PATRONAGE ET LE CONCOURS DE

L'UNION DES CHAMBRES SYNDICALES DE LA PROPRIÉTÉ BATIE DE FRANCE

SOUS LA PRÉSIDENCE DE

M. GUILLOUARD

Jurisconsulte et Publiciste, Bâtonnier de l'Ordre des Avocats près la Cour d'Appel de Caen

---

3e SECTION

De la Propriéte bâtie — Impôts — Taxes

RAPPORT DE M. A. ROBERT

Ancien Avoué à Rouen

CONCLUSIONS DE LA COMMISSION

PRÉSIDÉE PAR

M. THIL., Conseiller honoraire à la Cour d'Appel de Rouen

CONGRÈS DE LA PROPRIÉTÉ IMMOBILIÈRE

ROUEN 1896

3ᵉ SECTION
De la Propriété bâtie — Impôts — Taxes

Président : M. THIL, Conseiller honoraire à la Cour d'Appel.

Vice-Président : Mᵉ LEGRIX, Avoué.

Rapporteur : M. ROBERT, ancien Avoué.

Membres : MM. MURE, TURPIN, BARRABÉ et Raoul GLORIA, Propriétaires ; RICHER, Président du Syndicat du Havre ; J. GROSSET, Directeur du Syndicat de Lyon.

Secrétaire : M. RIGONDET, Greffier de Justice de Paix.

Rapport de M. A. ROBERT

MESSIEURS,

La propriété bâtie a, plus que jamais, besoin de défenseurs contre les ennemis qui l'attaquent et cherchent à la déprécier.

Les socialistes-collectivistes cherchent à saper le principe même de la propriété en général ; mais plus volontiers encore ils s'attaquent à la propriété bâtie. A leurs yeux, le champ, la prairie, la possession terrienne ou rurale peuvent s'étayer d'une certaine tolérance ; mais dès que le lopin de terre est situé dans l'enceinte d'une cité, dès qu'il a acquis, par le fait de l'agglomération, une augmentation factice de valeur. ce n'est plus une propriété légitime, c'est un vol fait à la collectivité. Le mètre carré de terrain à la campagne vaut, suivant la situation et la fertilité, de 0 fr. 50 à 0 fr. 01 et moins encore : cela peut passer. Mais le mètre carré de terrain vaut 40 fr. à Rouen, 1,000 fr. à Paris, suivant les quartiers : c'est ce qu'ils ne peuvent admettre. En attendant qu'ils puissent supprimer violemment, par le fait, et réunir à la collectivité ces plus-values qui leur semblent disparates, anormales et, comme telles, illégitimes. ils travaillent à préparer le nivellement, par l'impôt progressif ou dégressif.

Dans cette œuvre malsaine, ils sont trop souvent aidés par les ignorants et les demi-savants, qui ne connaissent pas du tout ou qui connaissent très superficiellement notre système d'impôts. Excessivement compliqué, ce système n'a pu d'ailleurs être adopté et appliqué en France qu'après de longs et pénibles tâtonnements; *il est nécessairement mal compris.*

A l'aide de paradoxes étranges, de contre-vérités palpables, on a dénaturé des plaintes très légitimes sur le poids excessif des impôts. C'est le taux de la contribution qui était blâmable ; c'est l'assiette qui a été le plus critiquée. On a ainsi tout remis en question : 195 millions de droits sur les vins, cidres et bières ; 200 millions de taxes sur les successions et les donations ; 156 millions (centimes additionnels compris) de contribution personnelle et mobilière ; 90 millions (y compris également les centimes additionnels) de l'impôt sur les portes et fenêtres; 310 millions de taxes d'octroi supprimées en principe ; on a contesté l'exemption contractuelle d'impôt par voie de retenue, pour la rente sur l'Etat ; on a proposé le monopole de la rectification de l'alcool ; enfin, on a soumis au Parlement de nouvelles taxes mal étudiées. Les agriculteurs ne cessent de réclamer la suppression du principal de l'impôt foncier. Chacun touche à tout, sans pouvoir rien détruire de mauvais. ni rien construire de bon.

Au milieu de ce désordre, la fiscalité ne peut être surveillée ni comprimée. Mal rédigés par des hommes qui se sont crus grands financiers, parce que leur bureau les nommait membres de la commission du budget, des amendements proposés souvent à la veille du vote. insuffisamment discutés, se sont transformés en lois obscures et équivoques, que le fisc, et trop souvent les juridictions civiles et administratives, ont interprétées arbitrairement contre les contribuables. Il est encore des citoyens qui peuvent et savent se défendre. Mais la plupart, par ignorance ou incurie, se laissent tondre la laine et même écorcher la peau. Il devient si facile de recouvrer l'impôt même le plus mal assis. qu'on en crée de nouveaux comme par plaisir. N'en a-t-on pas cité un qui était le résultat d'une gageure entre deux députés? Puisque les recettes croissent, on peut augmenter les dépenses, et le jour où ces dépenses auront vidé la caisse, rien ne sera plus facile que de faire voter quelques centimes ou décimes nouveaux, si l'imagination de nos honorables députés est trop tarie pour découvrir un nouvel objet de taxe.

Les intéressés commencent à s'émouvoir sérieusement de ces actes et de ces tendances. Dans nos grandes villes, les quatre contributions directes qui ont pour base la valeur locative, peuvent s'élever, pour une maison où le propriétaire et occupant se livrera au commerce, à 40 0/0 de cette valeur locative. La suppression de l'octroi ferait monter ce taux à 66 0/0. C'est une demi-dépossession, en attendant la dépossession plus complète, dont les socialistes plus ou moins déguisés menacent la propriété bâtie. N'est-il pas temps de reagir, en unissant les efforts des intéressés à la défense? N'y a-t-il pas lieu de proclamer plus que jamais, et d'interpreter de plus en plus strictement, le principe inscrit dans l'article 13 de la *Déclaration des Droits de l'Homme?*

« Pour l'entretien de la force publique et pour les dépenses « d'administration, une contribution commune est indispen- « sable. *Elle doit être également répartie entre tous les* « *citoyens, en raison de leurs facultés.* »

Voilà le principe essentiel qu'il ne faut jamais perdre de vue. L'impôt doit être proportionnel; seuls les indigents véritables, dûment reconnus, peuvent échapper à la loi de la proportionnalité. Conséquemment, tous les défenseurs de la propriété doivent protester énergiquement contre tout établissement d'impôt progressif ou dégressif.

L'impôt doit être bien réparti. Conséquemment, il y a lieu de rechercher, dans la série de nos impôts, ce qui est mal réparti, fautif, exagéré. C'est ce que votre rapporteur va essayer de faire le plus sommairement possible, en parcourant la liste des contributions qui grèvent directement et indirectement la propriété bâtie.

A. — Impôt foncier de la propriété bâtie. — Principal et centimes généraux.

Jusqu'à ces dernières années, l'impôt foucier sur la propriété bâtie était un impôt de répartition : il a été transformé brusquement en impôt de quotité, sans qu'on puisse, croyons-nous, donner une raison valable de cette modification. En effet, la répartition permet de réparer beaucoup d'injustices particulières. Le Fisc, tout en contrôlant sévèrement les dégrèvements ou redressements sollicités, se montre beaucoup plus bienveillant, dès que l'intérêt du Trésor n'est pas engagé. Le contribuable isolé se sent faible, désarmé et impuissant à faire disparaître des surtaxes. Il en a été nécessairement commis beaucoup à la suite de cette grande enquête sur la valeur de la propriété bâtie, qu'on avait annoncée comme simple opération de statistique et dont on a fait subitement un nouvel instrument de fiscalité, manœuvré avec une adresse insuffisante.

Pour atteindre le revenu net, il fallait chercher *la valeur locative*. Les législateurs du commencement de ce siècle s'étaient donné la peine de définir ce mot. En l'an VII, on ne faisait résulter la valeur locative que d'un bail écrit de la totalité d'une propriété, pour une durée de neuf ans, *au minimum*. En 1889, on a fait résulter la valeur locative des baux et surtout des déclarations verbales d'un an et de moindre durée, portant sur les diverses subdivisions des étages d'une maison. (Voir *Journal Officiel* du 7 juillet 1890). Ainsi ont été absolument assimilées des propriétés de valeur variant du simple au double.

Il n'y avait pas de recours sérieux quand la maison était occupée en vertu d'un bail ou de déclarations connues de l'administration. Pour celles qui étaient occupées par le propriétaire lui-même, on pouvait provoquer une expertise. Mais la loi, par son déplorable mutisme, autorisait les procédés administratifs les moins équitables. C'est ainsi que votre rapporteur, comme expert nommé par des parties, a eu l'occasion de voir nommer pour tiers-expert un agent-voyer qui naturellement lui a donné tort (Expertise Aroux, de Flamanville). Dans une autre affaire, où votre rapporteur était encore expert, où l'expert de l'administration était l'agent-voyer du canton et où le tiers-expert, honoré quotidiennement de la confiance du tribunal civil, avait pris la moyenne entre les deux estimations, le Conseil de préfecture, sans daigner se transporter sur place, a substitué son appréciation à celle du tiers-expert (Expertise du prince de Montholon, à Quevillon). Un tel procédé est absolument interdit en matière d'expertise avec l'Enregistrement. Pourquoi serait-il autorisé quand il s'agit de contributions directes ?

Les nouvelles dispositions législatives ne permettent, comme les avertissements ont soin de le rappeler, de réclamer contre l'évaluation attribuée aux propriétés bâties, à moins qu'elles n'aient subi une dépréciation par suite *de circonstances exceptionnelles.* Pour employer une expression plus vague, plus arbitraire, il faudrait faire un appendice au dictionnaire de l'Académie. Pour les maisons, ajoute-t-on, le dégrèvement de l'impôt foncier n'est acquis que *lorsque l'inhabitation a duré une année entière.* C'est une injustice absolument gratuite commise vis-à-vis des grands comme des petits, surtout des petits : car trois trimestres d'improductivité sont plus sensibles pour une petite bourse que pour une grosse. Un impôt de 10 0/0 se transforme ainsi. pour l'année malheureuse, en impôt de 40 0/0.

Il y avait là matière à réformes, pour ceux qui veulent améliorer sans détruire. Quant au taux de l'impôt qui représente 3.20 0/0 des 3/4 pour les maisons et 3.20 0/0 des 2/3 pour les usines, et qui est augmenté de centimes additionnels généraux s'élevant à environ 15 0/0 en sus, nous ne voyons pas trop à quel titre on l'augmenterait encore. S'il y a de nouveaux besoins budgétaires, ce n'est pas à la porte de la propriété bâtie qu'il faut frapper. Elle est déjà assez grevée, comme nous allons le voir plus amplement par la suite.

B. — Impôt des portes et fenêtres. — Principal de l'Etat et centimes généraux.

Cet impôt a fait l'objet d'une vive campagne de presse : les critiques qu'on en a faites sont-elles absolument justifiées ? Sont-elles parfaitement désintéressées ?

On lui a reproché d'être contraire à l'hygiène. C'est au nom des théories de l'illustre Pasteur que l'a condamné en dernier ressort un publiciste, qui s'est cru très fort sur la théorie des microbes, sur les probabilités de durée de la vie humaine et sur la statistique fiscale de ces ouvertures pratiquées pour l'air et la lumière que, suivant un mot célèbre, « Dieu donne et que l'homme vend ». Malheureusement les exemples ont été choisis de façon à démontrer (s'il était possible) le contraire de ce que l'auteur et tous ses plagiaires ont voulu prouver.

Dans le Morbihan et les Côtes-du-Nord, départements qui sont au bas de l'échelle du progrès, avait dit ce publiciste, les maisons ne comptent en moyenne que 4 à 5 ouvertures. Dans l'Eure et dans la Seine-et-Oise, qui sont au sommet, il y a plus de 300 ouvertures par 100 habitants, c'est-à-dire plus de 10 par maison. Ici, pays du progrès, la vie moyenne est longue ; là, région arriérée, il n'y a pas de longévité.

En se reportant aux auteurs sérieux et notamment à la *Population française, de M. E. Levasseur*, tome II, p. 318, on constate d'abord que, si la vie moyenne paraît beaucoup plus courte dans certains départements que dans d'autres, c'est parce que dans les premiers il naît beaucoup plus d'enfants que dans les seconds. En poursuivant l'examen, on arrive à la conviction que, dans les deux départements bretons qui ont si peu d'ouvertures à leurs maisons, les naissances l'emportent sur les décès de 6 à 8 0/0 de la population, malgré un courant d'émigration très-considérable. Dans l'Eure et dans la Seine-et-Oise, c'est juste le contraire, la mortalité l'emporte de 2 à 4 0/0 sur la natalité (Levasseur, ouvrage cité, tome II, p. 27 et 160). Je n'imiterai pas ceux que je critique et je n'attribuerai pas à la rareté des ouvertures la fécondité et la vitalité de ces honnêtes paysans de Bretagne ; mais je me bornerai à conclure qu'il est imprudent de tirer des conclusions de prémisses qui se rapportent à un ordre d'idées différent de celui de la conclusion.

Il était aussi inexact de supposer que, dans les campagnes des Côtes-du-Nord ou du Morbihan, il en coûte 30 sous à verser annuellement au Fisc pour ouvrir une nouvelle baie. Il faut réduire cette somme de plus des trois quarts, en comptant les centimes départementaux et communaux.

Cet impôt des portes et fenêtres n'est pas, à beaucoup près, aussi ridicule qu'on a bien voulu le dire. Son plus grand défaut est d'avoir une base fixée par une loi de 1832, c'est-à-dire cinquante ans avant l'enquête sur la valeur de la propriété bâtie. Il vous souvient qu'en août 1892, M. Cornudet, député, avait fait voter par la Chambre des Députés, un amendement adopté aussi par le Sénat, mais renvoyé pour l'exécution à l'année suivante, amendement qui remplaçait cet impôt par une taxe équivalente aux trois quarts de l'impôt des propriétés bâties. Il semble qu'il serait possible de s'inspirer de cette idée. Ce serait une œuvre salutaire que de faire arrêter par les Chambres la fixation d'un minimum ainsi déterminé : dans aucun cas et sous aucun prétexte, l'impôt des portes et fenêtres d'une propriété bâtie ne sera supérieur à l'impôt foncier que supporte cette même propriété bâtie. Votre rapporteur a sous les yeux la matrice générale d'une commune rurale de la Seine-Inférieure (Flamanville, canton d'Yerville), où la part de l'Etat, dans l'impôt foncier de la propriété bâtie, est de 363 fr. 37 et la part du même Etat, dans l'impôt des portes et fenêtres, est de 621 fr. 21. La proposition que je formule, et qui va beaucoup moins loin que l'amendement de M. Cornudet. ferait disparaître cette étrange anomalie, plus étrange dans l'ensemble de la France que dans le département de la Seine-Inférieure qui a toujours été surchargé. Vous avez remarqué en effet que le dernier projet de M. Cochery faisait ressortir le dégrèvement très considérable auquel avait droit notre département. Ce n'était que très stricte justice. En supposant le maintien de la contribution des portes et fenêtres, c'est un devoir minimum pour le Conseil général de notre département, d'appeler l'attention du Ministère sur la surtaxe que subit manifestement la Seine-Inférieure. Tandis que l'ensemble des départements subit en moyenne, pour le principal de cette contribution 1,70 0/0 de la valeur de la propriété bâtie, notre département supporte cette taxe à raison de 2,41 0/0 de la même valeur. Il a donc droit à une décharge de 0,71 0/0.

Cet impôt qui grève la propriété bâtie, non seulement du principal, mais encore de centimes généraux s'élevant à 30 0/0 du capital, est, comme vous le savez, avancé par le

2

propriétaire, sauf son recours contre les 'locataires, recours auquel il peut renoncer pour les fortes locations, et auquel il renonce toujours pour les petites locations au détail, faites à la semaine, au mois et même suivant l'usage des lieux. Assurément l'Etat trouve dans cette taxe versée par le propriétaire, une fraction notable, un tiers et plus, de la taxe d'habitation dont sont exemptes les indigents. Il n'y aurait rien à redire à ce système, mais à une condition, c'est d'être très-large, beaucoup plus large que par le passé en faveur des propriétaires qui ont perdu leurs loyers, c'est-à-dire la base essentielle de l'impôt, par suite de l'insolvabilité de leurs locataires.

C. — Impôt de la cote mobilière et personnelle et des patentes. — Répercussion sur le chiffre de la location.

Un Congrès sur la propriété bâtie ne peut passer sous silence ces deux taxes. Elles intéressent doublement le propriétaire. Elles l'intéressent directement, s'il occupe lui-même son immeuble et s'il y exerce le commerce. Elles l'intéressent indirectement : car elles sont toutes deux basées sur le loyer. Plus l'Etat prélèvera une forte part sur les bénéfices et revenus de l'occupant, plus c t occupant sera obligé de restreindre le prix de sa location.

On examinera tout à l'heure ce que vaut la substitution de la taxe d'habitation à la cote mobilière. Si l'on maintenait cette dernière cote, il y aurait lieu d'introduire plus de justice et d'équité dans sa répartition. Il semble qu'il faudrait d'abord abolir entièrement la cote personnelle proprement dite. Elle ne paraît répondre a rien. Dans le bureau des contribut ons de la mairie de Rouen, on nous a fait cette objection spécieuse. « Mais on compte à Rouen, jusqu'à 4 ou « 5,000 menages ouvriers qui tiennent à payer une cote « personnelle, pour marquer leur individualité et ne pas être « confondus avec les indigents. » Cette objection ne nous paraît pas péremptoire : car il serait facile de leur appliquer une cote mobilière modérée, variant entre 1 fr. et 12 fr., ou tenant compte de leur loyer qui serait présumé s'élever à une fraction déterminée de leur revenu.

Les autres améliorations pourraient consister : 1° à mieux

répartir les contingents départementaux. (Toujours surtaxé, le département de la Seine-Inférieure, d'après les derniers états soumis au Parlement, supporte pour cette cote 4,22 0/0 du loyer d'habitation quand la moyenne de la France est de 3,44 0/0; 2⁾ à mieux répartir les contingents individuels et à n'admettre l'indigence que dans des conditions rigoureusement déterminées.

Elles seraient faciles à préciser, si l'on voulait bien s'inspirer des principes qui ont prevalu en matière d'assistance médicale : liste déposée à la mairie que chacun pourrait consulter et contester.

Vous voudrez bien permettre à votre rapporteur, adversaire acharné des impôts directs de quotité, d'exprimer une pensée quelque peu hardie sur les patentes : c'est que, là surtout, on arriverait à réparer beaucoup mieux des injustices particulières, à empêcher des prélèvements excessifs sur des bénéfices très-minimes, en faisant de cette taxe un impôt de répartition. Ce n'est pas plus difficile que pour l'impôt des portes et fenêtres dont les bases sont rigoureusement fixées par la loi, mais qui sont susceptibles d'un rehaussement ou d'une atténuation suivant les circonstances. Mais, en thèse générale, l'impôt de répartition ne sera juste lui-même qu'en tenant compte d'un certain nombre de circonstances trop négligées jusqu'à présent : réduction du neuf au vieux, plus-values ou moins-values de location, d'expertise, augmentation ou diminution de population, etc.

D. — Taxe d'habitation.

On a essayé, on essaiera encore de remplacer la cote mobilière, taxe à peu près *proportionnelle*, par la taxe d'habitation, impôt qu'on peut qualifier de *dégressif*. C'est ici le lieu de rappeler la difference théorique qui existe entre l'impôt progressif et l'impôt dégressif. On peut les comparer à deux échelles, l'une si haute que l'échelon le plus élevé ne peut s'apercevoir d'en bas, l'autre très-courte, dont les quelques échelons se comptent à partir du sommet. Appliqué à l'impôt sur le revenu général, réel ou présumé, l'impôt *progressif* ne serait pas appliqué à 85 0/0 de la population. De 3,000 à 10,000 fr. de rente on paierait par exemple 1,50 0/0

du revenu, de 10 à 20 mille 2,50 0/0, de 20 à 50 mille 4 0/0,
de 50 à 100 mille 5 0/0, de 100 à 200 mille 6 0/0 et toujours en
haussant le taux, sans qu'il y ait d'autres motifs de s'arrêter
que la limite de fait des fortunes. Dans l'impôt *dégressif,* on
fixe un maximum de 5 0/0 je suppose : on ne l'applique qu'aux
plus riches millionnaires, puis le taux va en décroissant, au
fur et à mesure que les fortunes descendent. Il suffit d'ajouter
quelques allonges à l'échelle de l'impôt dégressif pour lui
donner une ressemblance frappante avec l'impôt progressif. Le projet de M. Doumer avait tellement assimilé les
deux systèmes théoriques, qu'on ne les distinguait plus en
pratique. Avec le système de M. Cochery, la confusion est
moins facile, bien qu'on n'aperçoive ses taux définitifs de
répartition qu'à travers, un brouillard d'hypothèses. En
supposant par exemple que le taux de répartition pour le
département de la Seine-Inférieure soit de 12 0/0, et que les
conseils électifs fixent le minimum du loyer nécessaire à
Rouen à 230 fr., les taux s'étageront comme suit, pour un
ménage sans enfants, logé aux conditions suivantes :

LOYER BRUT	DÉDUCTION	LOYER NET ou cense superflu	MONTANT de l'impôt à 12 0/0		TAUX sur le Loyer brut		
230 fr.	230 fr.	» fr.	» fr.	»	» fr.	»	0/0
460	230	230	27	60	6	»	0/0
920	230	690	82	80	9	»	0/0
23.000	230	22.770	2.732	40	11	88	0/0

On voit que le taux approchera de 12 0/0, limite maxima,
sans jamais pouvoir l'atteindre..... tant qu'on n'aura pas
ajouté d'allonges.

Un tel système n'est pas fait pour nous rassurer ni pour
nous satisfaire. Que l'indigent soit exempté de l'impôt basé
sur les loyers, rien de plus légitime ! Que l'on atténue le
tarif pour ceux dont la position est intermédiaire entre l'indigence et la petite aisance, c'est ce qu'on a toujours fait
jusqu'à présent, et ce qu'on peut faire mieux à l'avenir, en
réglementant ce mode avec justice et équité. Mais ce qu'on
ferait de plus, serait une concession fâcheuse au principe de
la progressivité qui finirait par tout envahir comme un fer-
ment, par tout entraîner comme un engrenage.

Pour nous, la question n'est pas de savoir si l'impôt sera progressif, dégressif, démocratique: mais la question est de savoir s'il sera proportionnel, juste, bien réparti, grevant modérément tout le monde et ne grevant excessivement personne. A ce point de vue, le projet formulé hâtivement par M. Cochery ne nous paraît mériter rien moins que des éloges. On lui a reproché avec raison, suivant nous :

1º De constituer un *saut dans l'inconnu*, à raison des contradictions et des invraisemblances déjà relevées dans les états annexés au Projet et au Rapport parlementaire, et de la différence essentielle dans les bases de la double répartition, celle qui est faite entre tous les départements, basée sur le loyer *brut*, celle qui est faite à l'intérieur de chaque département, basée seulement sur le loyer *superflu ;*

2º De créer ainsi des inégalités flagrantes entre les départements. C'est ce que la Commission a implicitement reconnu. en se demandant comment certaines communes et certains départements pauvres pourraient trouver leurs centimes additionnels, mais elle ne s'est pas préoccupee de réformer la base elle-même, qui était essentiellement fautive.

3º Ce même projet prétendait assurer des primes bien peu efficaces et très inégales au mariage et sa fécondité. Tantôt il surtaxait le célibataire que son âge ou sa profession devait détourner du mariage; tantôt il accordait un dégrèvement qui, pour chaque enfant de plus, s'élevait, ici à soixante centimes, là à huit francs par an.

4º Il accablait la villégiature, le commerce des chevaux et de la carrosserie, mettait sur le pavé un grand nombre de domestiques, et la répercussion d'impôts somptuaires manifestement exagérés paralysait une foule d'industries, et notamment celle du bâtiment, dont on a dit non sans raison qu'elle est un signe de la prospérité générale : *Quand le bâtiment va, tout va.*

5º Enfin si, au nom de l'hygiène,on établissait l'impôt des portes et fenêtres. pourquoi établir un mode d'impôt qui engageait nécessairement, dans certaines régions. les cultivateurs occupants qui partagent leurs logements avec leurs mulets, leurs chèvres, leurs lapins, leurs vers à soie, à augmenter la part de logement des animaux au détriment de celle de la famille, pour payer moins d'impôts sur l'évaluation par ventilation de cette dernière.

E. — Centimes additionnels départementaux.

Le projet de taxe d'habitation soulève naturellement la discussion de l'assiette et du nombre des centimes départementaux.

L'exemple de l'Etat, trop souvent même les prescriptions et les tolérances excessives de la législation, ont accru indéfiniment le nombre de ces centimes. De 1838 à 1891, les fonds pour dépenses départementales ont monté de 181 0/0. Une feuille d'impôts de 1838 a plus que doublé (100 à 208), et dans ce doublement, les dépenses départementales contribuent pour plus d'un quart (29 pour 108). C'est ce que faisait ressortir très nettement un tracé graphique dessiné dans l'exposé du budget de 1893 (documents parlementaires de la Chambre, 1892, p. 352). Si les moyens typographiques du Congrès le permettent, votre rapporteur se propose de reproduire ce tableau en le complétant comme de raison, car la dernière loi des contributions directes prouve que ces centimes ont continué partout à croître. En 1897, ils rapportent juste autant de millions qu'il y a de jours dans l'année, en centimes communaux compris.

Le nombre des centimes départementaux varie suivant la nature des contributions. Pour la Seine-Inférieure, on compte actuellement 51 centimes 6151 sur foncier, bâtie et non bâtie, et sur personnelle mobilière ; 26 centimes 6151 sur portes et fenêtres et patentes. Ne serait-il pas désirable d'arriver graduellement à l'unification de ce nombre des centimes ? Mais avant d'atteindre à ce résultat, il faut viser un autre but : la suppression du centime fictif. Vous savez en effet, Messieurs, que lorsqu'on a transformé l'impôt foncier sur la propriété bâtie et lorsqu'on a dégrevé les départements surchargés en matière de foncier non bâtie, on a maintenu la base et le nombre des anciens centimes. Le désordre, qui résulte de cette anomalie, s'augmenterait considérablement, si la taxe d'habitation proposée par M. Cochery était adoptée. Cependant quand un principe est juste pour le principal, il doit être juste aussi pour les accessoires. On a constaté que, dans la Seine-Inférieure, une maison d'un revenu net de 1,000 fr., paye au département :

Si elle est située au Tréport............. 5 fr. »

  —   —   à Rouen .... 26 fr. 40

  —   —   à Sommesnil........... 51 fr. 20

La péréquation n'est-elle pas désirable? Un Congrès, qui cherche le redressement de toutes les injustices fiscales. ne doit-il pas insister pour qu'on réalise ce redressement ?

F. — Centimes additionnels communaux.

Les centimes communaux ont aussi une base fictive, et cette fiction est, dans une ville comme Rouen, très-préjudiciable aux propriétaires de maisons, par rapport aux locataires et aux commerçants. Avant la reforme, le principal du foncier bâtie était de près de 800,000 fr. La reforme l'a fait tomber à 500,000 fr. Mais ce centime foncier rouennais est resté de 8,000 fr. (1 0/0 de 800.000). Conséquence : theoriquement on croit supporter 40 centimes additionnels sur la propriété bâtie, et pratiquement on en paie 65 à la ville

Ces centimes fictifs rendent tellement obscure la comptabilité que, tout récemment, à la séance du Conseil municipal de la ville de Rouen du 24 juillet 1896 (Bulletin, p. 312 et 316), le Rapporteur s'étonne de voir les comptes du Tresorier payeur général porter le centime du quatre, contributions rouennaises, tantôt à 34,2 5 fr., tantôt à 24,570 fr., avec une différence de 23 0/0.

La marée montante des centimes communaux est encore plus évidente que celle des centimes departementaux. Il suffit de se reporter au tracé graphique auquel je faisais tout à l'heure allusion. Dans la feuille de 100 fr. de 1838, portée à 208 en 1891, les dépenses communales concourent à l'augmentation de 108 fr., a raison de 35 0/0.

Pour les communes rurales et petites villes, le concours des plus forts imposés atténuait encore, il y a quelques années, l'exagération des dépenses. Au lieu d'abattre cette digue, n'aurait-il pas été sage de la mieux disposer ?

Quant aux grandes villes, le mouvement ascensionnel n'aurait plus pour ainsi dire de limites, si l'on donnait suite au projet essentiellement néfaste de la suppression des octrois.

G. — Des Octrois.

Les grandes villes ont fait d'immenses travaux, contracté d'énormes emprunts qui profitent à tous, riches ou pauvres. Pourquoi les ouvriers affluent-ils dans les villes? Parce qu'ils sont plus sûrs d'y trouver du travail et parce que ce travail est mieux rémunéré. Si le sort d'un ouvrier maçon, par exemple, occupé tous les jours à la ville et bien payé, est beaucoup plus enviable, pécuniairement parlant, que le sort de l'ouvrier maçon des campagnes, employé quelquefois, assez rarement, à son métier, plus souvent aux travaux agricoles, cet ouvrier des villes a-t-il le droit de se plaindre de la surélévation du prix de ses consommations? A-t-il surtout intérêt à se plaindre, si le profit de la diminution qu'il peut obtenir d'un côté, par la suppression de l'octroi, peut être anéanti d'un autre côté par une nouvelle augmentation de son loyer et une plus grande difficulté à être embauché? Mais, est-ce vraiment l'ouvrier travailleur et sobre qui se plaint? Ne sont-ce pas plutôt ceux qui briguent la faveur populaire qui agitent ces questions, qui se font les officieux interprètes, qui, sans mandat, se constituent les mandataires de prétendus intéressés, et qui, enfin, tranchent les plus graves problèmes économiques avec une rare inconscience, en n'envisageant qu'un des côtés de la solution : le dégrèvement des uns, sans songer aux effets que produira la surcharge des autres?

Pour nous, il est de toute impossibilité de songer à supprimer l'octroi dans les grandes villes, où il fait supporter en moyenne à chaque habitant un poids de 36 fr. 50 par an, ou de 10 centimes par tête et par jour. Vous trouvez ce poids trop considérable, mon ami! Mais il ne tient qu'à vous de l'alléger; un soldat français sous les drapeaux est soumis à un régime de travail plus dur que le vôtre; sa consommation. sans renfermer rien de superflu, a été jugée parfaitement suffisante pour réparer ses forces. Que paye cette consommation dans une ville comme la nôtre? Cinq centimes à peine. Les femmes, les enfants, les vieillards ont besoin d'un régime moins réparateur. Que chacun inaugure le régime de la sobriété, suivant son travail, son âge, son sexe, et, dès le lendemain de cette réforme radicale des mœurs, voilà l'octroi de Rouen qui, d'un produit de 10,000 fr. par jour, descend brusquement à 3,000 fr. à peine. Je ne voudrais pas être trop éloquent dans mon sermon de sobriété : car, si j'arrivais à la conversion générale, le Maire de Rouen serait dans un cruel embarras. L'exemple gagnant de proche en proche, le Ministre des finances n'aurait bientôt rien à lui envier.

Une réforme moins idéale pourrait être poursuivie, en revisant soigneusement les tarifs et en profitant de certaines vérités, que les discussions sur cette question ont fait ressortir. La véritable classification économique des substances soumises à l'octroi est la suivante :

1º Substances plutôt nuisibles : l'alcool. l'absinthe, les spiritueux fortement alcoolisés. S'il est fait des atténuations sur d'autres parties, c'est à cette catégorie de produits qu'il faut demander la compensation, tout en ménageant le commerce des intermédiaires, comme nous le dirons plus loin;

2º Substances de consommation somptuaire : gibier, truffes, pâtés fins, vins fins, champagne, etc. Pour cette catégorie, les droits pourraient être établis *ad valorem*, sans faire intervenir des considérations d'un autre ordre. Votre rapporteur ne verrait rien d'exagéré ni d'impraticable à faire accompagner chaque feuillette de vin fin de la facture de l'expéditeur, et, en cas de suspicion légitime, d'accorder le droit de préemption en matière d'octroi, comme on le fait en matière de douanes. (Lois du 4 floréal an IV et du 2 juillet 1836):

3º Substances de consommation ordinaire et nécessaire. Ici, les prix sont bien connus et on peut taxer : suivant la valeur, comme le poisson, suivant le poids ou la mesure, comme la plupart des autres substances pour l'alimentation des hommes et des animaux, l'éclairage, le chauffage, etc. Il faut apprécier avec beaucoup de soin ce qui doit être excepté, comme essentiel, et veiller avec autant de soin à bien répartir les taux suivant la valeur financière et aussi suivant la valeur nutritive;

4º Nous avons réservé, pour la dernière catégorie, les les *matériaux* qui intéressent plus directement la pro-

priété bâtie. Les matériaux' employés aux réparations sont légitimement soumis à l'octroi : car la dépense est imputable sur les revenus, et l'octroi perçu sur les matériaux atteint uniquement le revenu. Le principe de l'octroi sur les nouvelles constructions est beaucoup plus contestable, d'après l'opinion toute personnelle de votre rapporteur. Car c'est un impôt qui frappe le capital, qui le frappe avant même qu'il soit consolidé, si le propriétaire est obligé de recourir à l'emprunt pour payer sa construction. N'y a-t-il pas une grave incohérence à exempter d'impôts direct, pendant un certain temps, les nouvelles constructions et à les grever, mais seulement dans les villes à l'octroi, de taxes qui s'élèvent, nous ont dit des entrepreneurs, à 3 ou 4 0/0 de la valeur de la construction ?

On objecte que la distinction entre la construction neuve et la réparation serait impossible. Oui, sans doute, à la barrière, et il faudrait toujours avancer les droits. Mais, si le principe était admis, on pourrait les rembourser au vu de la justification contrôlée de l'emploi de ces matériaux à une construction nouvelle.

H. — Relation des Impôts directs, d'une part, avec les Contributions indirectes et les Monopoles, d'autre part.

Il est impossible de parler des impôts directs sans dire un mot des contributions indirectes autres que l'octroi. Quelles qu'elles soient, les contributions communes ne sont légitimes qu'autant qu'elles sont destinées à couvrir les dépenses indispensables, nécessitées par l'entretien de la force armée, le service des intérêts des dettes publiques et les dépenses strictement utiles d'administration.

Il n'est pas possible de ne pas éprouver un grand effroi, en constatant la facilité avec laquelle on a augmenté les dépenses publiques de tout genre.

Les revenus particuliers ont diminué considérablement dans toute la France, depuis vingt ans : la crise agricole, par l'avilissement du prix du blé, des céréales, de la plupart des produits de la culture; la crise viticole; par les maladies de tout genre qui ont attaqué la vigne; les conversions de la rente qui, pour être avantageuses aux finances publiques, n'en sont pas moins désastreuses pour les rentiers; les désastres financiers de Panama, des gouvernements étrangers, des chemins de fer du Sud, etc. : toutes ces causes ont considérablement diminué les ressources, pour faire face à des dépenses toujours croissantes.

Qu'a fait l'Etat pendant le temps où les revenus diminuaient ainsi? Il a augmenté démesurément les dépenses de toute sorte : fonctionnarisme en France et aux colonies, pensions, garanties d'intérêts, constructions scolaires, travaux publics mal étudiés, chemins de fer de stratégie... électorale, assistance médicale gratuite dans les campagnes,

> Dix projets *dont un seul* eût fait *peur* a dix *rois,*
> *Tout pressé, tout pressant, tout à faire à la fois.*
>
> (*Hernani,* acte IV, scene v).

Pendant que, semblables à un buveur qui vide les pots sans les compter, les promoteurs de ces dépenses exécutaient, avec plus ou moins de fruits utiles, ces vastes, ces gigantesques entreprises, les économistes sérieux marquaient, derrière le volet, la récapitulation des résultats définitifs :

« De 1885 à 1895, disait, il y a quelques mois, M. Edmond « Thery, dans l'*Economiste Européen*, la dette publique « s'est réduite,... pour la Grande-Bretagne, de 2,244 mil- « lions;... elle s'est... augmentée, pour la France, de « 2,278 millions. »

Quel est donc cet heureux pays qui accroît sa richesse de ce que nous perdons, et qui peut, comme il l'a déjà fait, nous annihiler par la puissance de son crédit?

N'hésitons pas à chercher des exemples de l'autre côté des frontières. Imitons la prudence de nos voisins, leur circonspection dans la fixation des dépenses, leur énergie à diminuer la dette publique par l'amortissement. Inspirons-nous de leur système d'impôts, non pas en copiant servilement, comme on a voulu le faire pour *l'income taxe* ; mais en proportionnant différemment les impôts directs et indirects. Comme on peut le voir dans le *Nouveau Dictionnaire d'Economie politique publié sous la direction de M. Léon Say,* article *Impôts*, rédigé par M. René Stourm, § 23, *p.* 32,

les proportions sont les suivantes, des deux côtés de la
Manche :

	IMPOTS atteignant directement LA PROPRIÉTÉ	IMPOTS atteignant directement LA CONSOMMATION
France...............	40 0/0	60 0/0
Angleterre..........	31 0/0	69 0/0

Les impôts indirects sont moins lourds à supporter : tout
le prouve. Votre feuille d'impôts vous fait murmurer beaucoup plus qu'une série annuelle de verres de fine champagne
ou de panatellas. Toutes les grandes discussions du Parlement ont porté surtout sur les contributions directes, et
rarement nos députés se sont montrés plus unanimes qu'en
rejetant un projet de M. l'abbé Lemire, qui voulait substituer
à nos droits de mutation un impôt direct dans le même genre
que celui de la main-morte.

C'est du côté des impôts indirects et des monopoles qu'il
faudrait, le cas échéant, chercher des ressources pour dégre-
ver et pour amortir. Personne n'a le droit de se plaindre de
ces surtaxes (au cas où elles seraient nécessaires), puisque
tout le monde a la faculté d'y échapper. Personne n'a le
droit de dire qu'elles sont impraticables, même dans une
proportion minime. Car on peut augmenter d'un simple
dixième le prix du tabac, vendu au détail, en créant pour
les débitants des poids de 36 et 72 décigrammes pour la
valeur d'un sou et de deux sous de cette substance. On
pourrait également étudier de bonne foi, s'il ne serait pas
possible d'autoriser l'administration des contributions indirectes à accorder plus de crédit aux entrepositaires et
marchands en gros, moyennant des suppléments de caution-
nement et de nouveaux privilèges. L'alcool et le tabac sont
des substances plutôt nuisibles à la santé publique. On ne
peut sérieusement se plaindre de voir l'État leur donner
une valeur factice, en augmentant les droits, pourvu qu'il
ne fasse pas tort au commerce des intermédiaires; pourvu
qu'il ne les ruine pas, comme dans cette rêverie utopiste, où
l'on propose, d'un seul coup, de quadrupler la taxe de
l'alcool.

Mais il n'en est pas de même de certains autres droits, qui

grèvent des objets de consommation nécessaire, comme le sel, les allumettes, ou des actes essentiellement utiles, comme le font les droits de timbre de dimension, les droits fixes d'enregistrement; ce sont là des taxes inversement progressives, qui, très-injustement, grèvent le pauvre beaucoup plus que le riche. Il y a là un champ presque inexploré, où le beau zèle des réformateurs-novateurs peut se donner libre carrière pour réduire et même supprimer. Personne ne s'en plaindra.

On ne peut tout demander à la fois; mais il est permis de rappeler qu'au commencement de ce siècle aucun droit de mutation ne dépassait une année de revenu du bien transmis, tandis qu'aujourd'hui il en absorbe parfois deux ou trois années.

Si l'on réforme les contributions indirectes et l'enregistrement, ne peut-on imiter certains pays étrangers, notamment la Belgique, et accorder quelques centimes ou même un decime aux départements et aux communes, à raison des consommations et des mutations présumées opérées sur leur territoire? Car c'est une chose étrange que les impôts directs participent seuls aux dépenses départementales, et même, sauf l'octroi, aux dépenses communales. Il se recouvre chaque jour, dans notre département, 50,000 fr. de droits d'enregistrement et de timbre; il s'y fume ou il s'y prise, chaque jour, pour 24.000 fr. de tabac; l'alcool consommé y rapporte à l'Etat plus de 40.000 fr. par jour sans que les départements et les communes dépourvus d'octroi aient la moindre part de la dépense qui se fait sur leur territoire. Etablir, au moins à titre d'indication quelques centimes départementaux des contributions indirectes, à distribuer aux départements producteurs, par voie de répartition; c'est là une œuvre qui sollicite les discussions d'un Congrès et l'attention des pouvoir publics.

Il est temps de conclure.

Beaucoup d'idées sur les applications de détail ont été remuées dans ce rapport; mais il y a une idée fondamentale, à laquelle nous ne devons pas laisser toucher : c'est le principe de la proportionnalité. Qui nous défendra, si nous ne nous défendons nous-mêmes? C'est en s'inspirant de ces principes que le rapporteur a soumis à la section, qui l'a adopté à l'unanimité, pour le proposer aux suffrages du Congrès, le projet de vœu suivant :

« Le Congrès, considérant que le système actuel d'impôts
« directs et indirects sur la propriété bâtie a assuré, jusqu'à
« présent, le crédit public; que ces impôts sont sans doute
« susceptibles d'être réduits par une économie plus sé-
« rieuse, d'être perfectionnés par une meilleure assiette,
« une répartition plus équitable; mais qu'on ne doit pro-
« céder aux réformes qu'avec la plus extrême prudence et
« sans violer l'art. 13 de la *Déclaration des Droits de*
« *l'Homme,*

« Emet le vœu que l'impôt progressif ou dégressif ne
« soit jamais introduit dans notre système fiscal. »

Le Président de la Commission,　　*Le Rapporteur,*

　　　THIL.　　　　　　　　　A. ROBERT.

Rouen. — Anc. imp. LAPIERRE, rue St-Etienne-des-Tonneliers, 1.